Franz Freimann

Liederliche Gedichte

AF199063

Franz Freimann

Liederliche Gedichte

BoD

Impressum:

Texte:	copyright Franz Freimann
Cover:	copyright Franz Freimann
Herstellung und Verlag:	2019 BoD – Books on Demand – Norderstedt
ISBN:	9783750423220

Inhaltsangabe

Ein Politiker als Nachbar

Du denkst du bist gebildet
und „parlierst" den ganzen Tag
Ich aber flüchte aus dem Garten,
weil ich dir nicht zuhören mag
Du erzählst von deinen Freunden
und erzählst von ihrer Yacht
ob mich das interessiert,
hast du niemals nachgedacht.

Mach doch was mit Hand und Fuß,
mal irgendwas mit Hirn
Da kann doch nicht nur Leere sein,
hinter dieser Stirn
Geh notfalls doch zum Metzger
und kauf dir die Innerei
und mach dir in der Pfanne dann:
Hirn mit Ei

Deine Frau tut wie ein Star
in ihrem tollen Glitzerkleid
Mir geht das sehr am Arsch,
ich hab so Allüren leid
und du denkst du bist ein Killer,

jedenfalls ein toller Hecht
und der Porsche vor der Villa
gäbe deinem Denken recht

Mach doch was mit Hand und Fuß,
mal irgendwas mit Hirn
Da kann doch nicht nur Leere sein,
hinter dieser Stirn
Geh notfalls doch zum Metzger
und kauf dir die Innerei
und mach dir in der Pfanne dann:
Hirn mit Ei

Doch plant ihr was mit Hand und Fuß,
dann achtet drauf genau
dass weder du der Vater bist,
noch Mutter deine Frau
Denn sonst wird was entbunden
oder kommt auf diese Welt
genetisch quasi bindend
ohne Hirn schon vorbestellt

Mach doch was mit Hand und Fuß,

mal irgendwas mit Hirn
Da kann doch nicht nur Leere sein,
hinter dieser Stirn
Geh notfalls doch zum Metzger
und kauf dir die Innerei
und mach dir in der Pfanne dann:
Hirn mit Ei

Resopal

Was in Wirtschaft und Politik geschieht
warum wer vor wem und wohin flieht
warum viele Kriege einfach so „passieren"
sich ganze Völker massakrieren
das ist dir schnurz und piep egal
du stehst auf Küchen-Resopal:

Die Arbeitsplatte funktionell
das Backrohr reinigt man sehr schnell
Mikrowelle, Einbauschrank
super sauber, blitzeblank
Fleischwolf und Ceranfeld-Herd
DIE Küche ist das Geld auch wert

da bleiben keine Wünsche offen
und nur DAS
macht dich betroffen.

Globale Erwärmung und Treibhauseffekt
wenn da kein Trick dahintersteckt
Überschwemmungen und CO_2
Ist dir alles einerlei
auch der Begriff „klimaneutral"

ist deiner Küche ganz egal

Die Arbeitsplatte funktionell
das Backrohr reinigt man sehr schnell
Mikrowelle, Einbauschrank
super sauber, blitzeblank
Entsafter und Ceranfeld-Herd
DIE Küche ist das Geld auch wert

da bleiben keine Wünsche offen
und nur DAS
macht dich betroffen.

Arbeitskampf und Wohnungsnot
zu viele Flüchtlinge im Boot
Kurzarbeit und Hungerlohn
das Recht auf Arbeit nur ein Hohn
dir ist das alles ganz egal
du stehst auf Küchen-Resopal.

Bossing? metoo

Ich hab keine Ahnung, aber viel zu sagen
das ist an manchen Tagen schwer zu ertragen
ständige Querelen mit den Kollegen
gutes Arbeitsklima - ja von wegen...
Ich werd euch auseinander dividieren
gegen mich gibt's sicher kein Paktieren
ich säe Zwietracht, zuweilen auch Hass
denn Bossing - macht Spaß!

Mir fehlt das Wissen, doch ich darf entscheiden
wer macht was und wie soll man sich kleiden
Gerechtigkeit und Objektivität?
Ja glauben die Kollegen ich wär vielleicht blöd?
„Divide et impere" das ist mein Leitmotiv
und sei dabei die Optik noch so schief
ich mach euch fertig – ohne jedes Maß
denn Bossing macht Spaß!

Ich hab wenig Bildung, doch bin ich Führungskraft
hab mich hochgeschlafen, was auch nicht jede
schafft
Ihr habt Skrupel? Ich ganz sicher nicht
weil immer noch der Ober seinen Unter sticht

ich liebe die Intrige und bin ein Ränkeschmied
ich liebe Verdunkelung, damit mich niemand sieht
alle meine Gegner sind ganz schnell sehr blass
denn auch Mobbing macht Spaß!

ehe Leben

Ich sag's ehrlich
und grad heraus
sag ohne dass ich mogel:
Er hat an Hund,
sie hat a Katz
gemeinsam haben sie den Vogel

Er sagt Maus
und sie sagt Bärli
Und von dem Bären
is' des Mauserl 's Herrli

Neulich da geht da feine Herr spazieren
daneben der Wauzi auf seinen allen Vieren
der springt ein Mäderl an und beißt es hinten rein
"wenn man so dumm ist, dann kann das schon
mal sein",
sagt nur der Herr und schaut sogar noch barsch...
"Komisch, dass der mich beißt",
sagt's Mäderl,
"denn Sie sind ja der Arsch!"

Ich sag's ehrlich
und grad heraus
sag ohne dass ich mogel:
Er hat an Hund,
sie hat a Katz
gemeinsam haben sie den Vogel

Er sagt Maus
und sie sagt Bärli
Und von dem Bären
is' des Mauserl 's Herrli

Sie war beim Tierarzt neulich mit dem Kater
von neun Kätzchen da sei das Tier der Vater
Jetzt geht's um Kastration, der Arzt zückt das
Skalpell
"Das tut nicht weh", sagt er, "und geht auch
ziemlich schnell"
Doch plötzlich lacht er "du warst das nicht mein
Schatz,
weil du bist kein Kater, du bist eine Katz..."

Ich sag's ehrlich
und grad heraus
sag ohne dass ich mogel:

Er hat an Hund,
sie hat a Katz
gemeinsam haben sie den Vogl

Er sagt Maus
und sie sagt Bärli
Und von dem Bären
is' des Mauserl 's Herrli

Manchmal da sitzen die beiden gemeinsam
nebeneinander und sie fühlen sich einsam.
Sie krault die Katz und er den Hund,
so geht das täglich, Stund um Stund
Und stumm nebeneinander wird man auch
begraben
damit gemeinsam sie ihr Vogelnesterl haben

Ich sag's ehrlich
und grad heraus
sag ohne dass ich mogel:
Er hat an Hund,
sie hat a Katz
gemeinsam haben sie den Vogl

Und sie sagt Bärli

und er sagt Maus
es war beschwerlich
doch jetzt is' es aus,
ja es war beschwerlich
doch jetzt is' es aus.

Kickstart my brain

Ich greif immer gleich zum Telefon
bevor ich denk und überleg,
und die Rede sprudelt schon
frei von der Leber weg

Die Hand ist meistens schneller
und jede Finsternis scheint heller,
mir geht das auf die Nieren:
Mein Hirn,
es will nicht funktionieren

Ich bin "der" Oral-Artist,
an meinen besten Tagen,
am Telefon ein Terrorist,
stell fast nur blöde Fragen...

Mein IQ ist voll im Keller,
- was "denken"?
Reden geht schneller.
Und doch - mir geht das auf die Nieren:
Mein Hirn,
es will nicht funktionieren

"Zuhören" ist für mich Tortur,
viel lieber mag ich reden...
Das ist meine Frohnatur,
damit beglück' ich jeden.

Wenn ich dabei nur wichtig bin,
kann ich parlieren ohne Sinn.
Und doch - mir geht das auf die Nieren:
Mein Hirn,
es will nicht funktionieren

Mittleres Management

Du redest so wichtig, das ist dein Trick,
und bist doch nur Apparatschik…
Du schwadronierst und laberst herum,
hältst dich für klug, die andern für dumm.
Jeder Menschlichkeit sitzt du im Genick
du Arsch von Apparatschik.

Du buckelst nach oben, gschamster Diener,
und trittst nach unten - san olle Schlawiner!
Du tust immer nett - bist es stur nicht,
bist einer der gern von hinten zusticht!
Es ist ja nie Vorsatz, nur schlichtweg dein Tick
du Arsch von Apparatschik.

Paragraphen sind deine einzigen Freunde,
selbst deine Kinder erziehst du wie Feinde,
und geil wirst du nur, wenn's andere quält.
Die steile Karriere ist alles was zählt.
Für die gehst du zu weit und noch weiter ein Stück
du Arsch von Apparatschik.

Du Golfplatzbaron mit deinem Schläger,
du Adligen-Klon als strammer Jäger,

du Rechtsanwaltfreund und Sportwagenflitzer,
du Jumbojetflieger und Villenbesitzer...

Aufrechte Leute, wie immer sie heißen
sagen dir: geh scheißen!

very impotent person

Ja gut - es stimmt - ich bin der Chef,
ich bin hochangesehen.
Als Prominenter bin ich VIP,
das muss man auch verstehen.
So erscheine ich im Festspielhaus
nur in bester Seide,
Hybris nennt man diese Krankheit,
an der ich gar nicht leide.
Günstlinge umgeben mich,
Spießer und Lakaien,
bestechen mich mit Orden,
man nennt sowas „verleihen".
Jedermann fragt nur nach mir,
ich bin der, den man kennt:
Hier geehrter Aufsichtsrat – dort:
Herr Golfplatzspräsident.

Doch kommt so eine Grätzn,
ein Oppositioneller,
dann hoffe ich der Bodyguard
ist auch diesmal schneller…
Was soll das mit Verantwortung?
Arbeit für das Land?

Da bin ich nicht zuständig,
das geht mich gar nichts an!

I woas nit (is des nit a Liebeslied?)

I woas nit, ob Du schen bist,
Du bist oafoch a Traum
Di konn ma goa nit übasegn –
do muas ma hinschaun
Du brauxt koane Stöckischua,
koan grellen Lippenstift
Du brauxt a koa Kokain,
oda iagnd so a Gift

I woas a nit ob Du gscheid bist,
oda bist Du vielleicht bled
I woas dass i Di gean hob,
mea intressiert mi net
I woas dass i Di gean hob,
mea intressiert mi net

Feine Damen beim Diner,
flanieren am Buffet
stehn herum im engen Kleid
mit tiafm Dekolletee
a Implantat im Brustbereich,
ka Foitn mea im Gsicht

und mit so vü Botox,
gelingt das Lächeln nicht
und wos de reden draht si
nua um schen sein und um Göd
nit grod wos i ma vuastöh –
a gonz a ondre Wöt!

Weu: I woas nit, ob Du schen bist,
Du bist oafoch a Traum
Di konn ma goa nit übasegn –
do muas ma hinschaun
Du brauxt koane Stöckischua,
koan grellen Lippenstift
Du brauxt a koa Kokain,
oda iagnd so a Gift

I woas nit ob Du gscheid bist,
oda bist Du vielleicht bled
I woas dass i Di gean hob,
mea intressiert mi net
I woas dass i Di gean hob,
mea intressiert mi net

de feinen Herrn im Nadelstreif,
politisch sehr versiert

ist der kleine Mann erst steif,
weans ziemlich kleinkariert
Sportler sans und laufen gean,
vielleicht noch Marathon
Bitte bitte mochts es woah
und rennts von do davon
Trainiert und reich, so tans gonz gean,
als wäan sie Mann von Wöt
Doch eana gonza Horizont is
begrenzt duach eana Göd

I woas nit, ob Du schen bist,
Du bist oafoch a Traum
Di konn ma goa nit übasegn –
do muas ma hinschaun
Du brauxt koa Kokain
und nimmst koa Extacy
Du brauxt koan Ferrari
und koa Haus am Wörthersee

I woas a nit ob Du gscheid bist,
oda bist Du vielleicht bled
I woas dass i Di gean hob,
mea intressiert mi net
I woas dass i Di gean hob,
mea intressiert mi net

Blinddarm

Sag, - kennst nicht wen, der Freunderl ist
Mit allen… - so ein Lobbyist
Einen, der Kontakte hat
Zu Politik und Aufsichtsrat
mit einer Seilschaft
- Sakkrament -
bis hinein ins Parlament?

Für die Masse
ist Blinddarm a Sackgasse
nur wer wem da in'n Arsch kriecht
das fragt man sich…
Doch Politik
scheint immun
gegen Gehirnerschütterung.

Der eine ist nichts und nennt sich Graf
verwechselt mitunter Chef und Schaf
Der andere ist eine Landplage
die Marke nennt sich KHG
Und alle kommen damit davon
Es lebe hoch die Korruption

Für die Masse
ist Blinddarm a Sackgasse
nur wer wem da in'n Arsch kriecht
das fragt man sich…
Doch Politik
scheint immun
gegen Gehirnerschütterung.

Liegst mit Ministern du in Betten
kannst du deine Firma retten
dinierst du mit der Hautevolee
hältst du jeden auf'm Schmäh
dann weißt du, wo der Rubel rollt
dann weißt du, wen der Teufel holt

Für die Masse
ist Blinddarm a Sackgasse
nur wer wem da in'n Arsch kriecht
das fragt man sich…
Doch Politik
scheint immun
gegen Gehirnerschütterung.

Je suis

Na wissen S eh –
diese Schmerzen, die mich quälen
tun so schrecklich weh,
das kann man nicht erzählen
Ich kann mich kaum bewegen
selbst wenn die Sonne scheint,
kommt sofort ein Regen,
weil dann der Himmel weint
wenn er sieht, wie es mir geht,
wie sehr ich seelisch leide
aber: ich beschwer mich nicht
statt jammern fress' ich Kreide
und wenn davon der Mund
ganz ausgetrocknet wird
besuche ich meinen Freund,
den vertrauensvollen Wirt

Seine Kellnerin ist hübsch,
nur sie ist schuld daran:
Ich sitz den ganzen Abend
und schau mir das Fräulein an
Selbst wenn ich wollte,
„nein sagen" kann ich nicht zu ihr

und sie serviert mir freundlich
ein ums andre Bier
sie wirkt etwas exotisch
fast wie Kleopatra
so sage ich ihr fremdsprachlich:
je suis un Bursch de Bar
schöne Kleopatra:
je suis un Bursch de Bar

Na wissen S eh –
ich kann nix tun, robotten geht nicht mehr
und deswegen komm ich öfter
fast täglich schon hierher

Ich hab's auch mit den Nieren,
die spüle ich mit Bier
heim geht's auf allen Vieren,
schlafen kann man ja nicht hier
Ich hab's auch mit dem Magen,
richtig übel dann und wann
hör mich oft verwundert sagen:
dass man so viel kotzen kann
am besten ist am nächsten Tag,
tut's Kopferl noch so weh,
man geht zu seinem Wirt,
auf einen Hopfen-Tee

Ja Fräulein wissen S eh –
ich hab momentan viel Zeit
es ist nur wegen den Schmerzen,
wegen meinem schlimmen Leid
Da draußen in der Sonne
verbrenn ich mir die Haut
doch drinnen bei den Kindern,
da ist es mir zu laut
und deswegen bin ich hier,
sag ich zu Kleopatra
doch sie versteht von mir nur:
je suis un Bursch de Bar
schöne Kleopatra:
je suis un Bursch de Bar

Na wissen S eh –
ich bin geschieden, bin einsam und allein
und so ist es sehr beruhigend,
kann ich unter Leuten sein
Meine Frau? Die ist davon,
mit einem Johnny Walker
er hat irgendein Diplom
und eine Schraube locker
Meine Kinder sind daheim,

die kommen gut zurecht
die spielen ihr Computerspiel,
nur mir allein geht's schlecht
Und wenn die Jugendwohlfahrt fragt,
wo Papa wohl sein wird
dann sagen die ganz fröhlich:
beim vertrauensvollen Wirt!

Und dessen hübsche Kellnerin,
die hört mir immer zu
vom Mittagessen weg
bis zeitig in der Früh
sie wird nicht viel verstehen,
doch ich fühle mich sehr wohl
und gegen meine Schmerzen
da bringt sie mir Alkohol
Je suis un Bursch de Bar,
schöne Kleopatra
war eigentlich nie weg,
und bin schon wieder da
schöne Kleopatra:
Je suis un Bursch de Bar

Aussi vuas Haus

Woun de Schneeflockn wiaben
und da Wind einifoaht
Doun sitz i beim Fensta,
schau aussi und woat
I kunnt stundenlong schaun,
doch es dauat nit long
Donn schlupf i in d Stiefin
und ziag ma wos on
A weng frische Luft
und den Schnee in mein Gsicht
Aussi vuas Haus
is donn oiss, wos i mecht…

Mia rennan und rennan
und springan herum
Bis mia nimma kennan,
donn foima hoit um
Am Handy des App,
am Laptop der Depp
Sogoa d Liada wean gach,
des nennt ma an Rapp
Schnö und no schnölla,
am besten gestan scho gschegn

San mia nua mea hektisch,
bringan nix mea zuwegn
San mia nua mea featig
und brennan boid aus
schlupf eini in d Stiefin
und ausse vuas Haus…

Woun de Schneeflockn wiaben
und da Wind einifoaht
Doun sitz i beim Fensta,
schau aussi und woat
I kunnt stundenlong schaun,
doch es dauat nit long
Donn schlupf i in d Stiefin
und ziag ma wos on
A weng frische Luft
und den Schnee in mein Gsicht
Aussi vuas Haus
is donn oiss, wos i mecht…

Mia hondln umd tandln,
vom Auto zum Gwandl
De homm uns am Bandl,
bis ma geistig vasandln
Schena und teira,
am besten jeden Tog neich

So wean mia oam,
doch ondare reich
so wean mia bled,
weama geistig marod
Hauptsoch woun jeda
sei Markenteil hot
des is donn so bsundas,
des fiat ma net aus
So schene Stiefin
bleim drinnen im Haus

Woun de Schneeflockn wiaben
und da Wind einifoaht
Doun sitz i beim Fensta,
schau aussi und woat
I kunnt stundenlong schaun,
doch es dauat nit long
Donn schlupf i in d Stiefin
und ziag ma wos on
A weng frische Luft
und den Schnee in mein Gsicht
Aussi vuas Haus
is donn oiss, wos i mecht…

Ebola

Hast du's gesehen, hast du's gesehen
Die Fahnen jetzt auf Halbmast wehen?
Irgendwas ist da passiert,
ein jeder scheint mir echauffiert
das Fernsehen ist auch schon vor Ort
Unfall, Unglück oder Mord?

Hast du's geschaut, hast du's geschaut
die Feuerwehr mit Licht und laut?
Irgendwas muss da verbrennen
Ein Haus, wo drinnen Leute pennen?
Flugzeug, Schule oder Heim?
Schalt endlich ein!
Das muss doch schon im Fernsehen sein!

Hast du's erkannt, hast du's erkannt?
Ein Kirchendach ist abgebrannt!
In der Sondersendung am news-Kanal
Grassiert Erregung radikal
Schlimmer als der Krieg in Vietnam:
Im Vollbrand steht die Notre Dame!

Hast du's gedacht, hast du's gedacht

Es brannte von selbst, niemand hat es entfacht
Es war, was Sondersendungspublikum nicht mag:
nämlich echt kein Terroranschlag
keine fremde Kultur wünscht uns das Böse
und niemand stahl der Kollekte Erlöse.

Hast du's geahnt, hast du's geahnt
Dass le President betroffen mahnt?
Und bettelnd um ein wenig Geld
Spenden lukriert in der ganzen Welt
Und da ist der Mammon - e voilá:
Schlimmer noch als Ebola.

Chére Notre Dame

Unserer lieben Frau
glauben eminente Herren in Grau
reicht der Name von dem Bau...
Sonst bezieht man sie nicht ein
denn gottgewollt kann es nicht sein
PriesterINNEN zu weihen...

Wen interessiert's, wer fragt nach?
Eigentlich ist da Feuer am Dach,
doch die Frauen scheinen noch zu schwach (?)
Es gibt kein Aufbegehren
gegen diese alten Lehren
gegen dieses Weih-Verwehren

- weil hinter ihren alten Mauern
eminente Männer lauern,
die alten Zeiten nachtrauern
Männer, die sich nicht und nicht bewegen
Macht erhalten und deswegen
gibt's für Neues keinen Segen.

Doch wie's der Teufel haben will
brennt das Ding im großen Stil

vom Oberbau da bleibt nicht viel…
„Pompiers" bemüht auf dem Gelände,
doch plötzlich – noch vor „Brand-Ende!",
fließt das Geld, so manche Spende.

Das Kirchenschiff es ist gesunken,
das Dach geborsten unter Funken,
die Würdenträger freudetrunken:
Weil man medial-viral gut ablenken kann
vom eigentlichen Problem
der Notre Dame.

1000 Jahre gegeneinander

Du verlierst deinen Mut und verlierst auch die
Kraft
weil das scheiß System dich restlos schafft
weil dich so Anzug-Typen für jeden i-Punkt rügen
und auch noch glauben du solltest dich fügen...

Und wo rennst du hin?
Und wo versteckst du dich?
Im schlimmsten Fall wählst du „freiheitlich":

Die Hakenkreuzbuben und den Bund deutscher
Mädel
mit nichts außer Wut im geschorenen Schädel
Die sich vor 80 Jahren geschichtlich verrannten
und dabei das freie Europa verbrannten
Die nach Frankreich marschierten bis zur
Resistance
als Mörder und Henker, ohne Sinn, ohne Chance
Kein Stolz, keine Ehre nur die Dummheit bewahrt
machten sie erst in Stalingrad kehrt ...

Verliert man den Mut und auch seine Kraft
ist Widerstand alles, was man noch schafft:

Ein System in das sich nur Mitläufer fügen
kann unserem Anspruch doch niemals genügen!

Zwickl statt Kickl

Kickl – ja, dem trauen wir, dem trauen wir
Wir trauen ihm alles zu.
Von Pferdefuß bis Springerschuh
Wir trauen ihm alles zu!

Mastermind und Dichterfreund
der so schön reimt,
dass man weint.
Die kurzen Verse
fast banal
die Kraft der Botschaft
 – ganz global –
irgendwie „anal"

Und er zaubert, er zaubert
Pferde aus dem Hut
Der Haflinger erschaudert:
Das ist arabisch Blut!
Und,
was niemand wirklich wundert:
nun geht's im Galopp
zum Boxenstopp
im vorigen Jahrhundert

Kickl – ja, dem trauen wir, dem trauen wir
Wir trauen ihm alles zu.
Von Pferdefuß bis Springerschuh
Wir trauen ihm alles zu!

Eislutscher Tango

Ich bin ein o(h)rdentlicher Mann
das sag ich euch unverfroren,
ich hab Eislutscher dran
anstatt meinem Paar Ohren…

Ganz verblüfft ist der Herr Strache,
er meint: eine tolle Sache,
er verstehe es zwar nicht
doch sicherlich a coole G'schicht…
Und schon frohlockt er mit den Recken,
weil er kann mich am Ohr schlecken…
schon frohlockt er mit den Recken,
weil er kann mich am Ohr schlecken…

Ich bin ein o(h)rdentlicher Mann
das sag ich euch unverfroren,
ich hab Eislutscher dran
anstatt meinem Paar Ohren…

Haimbuchner meint das ist fantastisch
hart gefroren statt elastisch
so hält man die Ohren steif
tiefgekühlt im rauhen Reif…

Und schon frohlockt er mit den Recken,
weil er kann mich am Ohr schlecken…
schon frohlockt er mit den Recken,
weil er kann mich am Ohr schlecken…

Ich bin ein o(h)rdentlicher Mann
das sag ich euch unverfroren,
ich hab Eislutscher dran
anstatt meinem Paar Ohren…

„Was für Wunder", sagt der Rabl
er beißt sonst in jedes Wadl
fletscht die Zähne, dobro Mann,
wird genannt der Dobermann
doch auch er, wie seine Recken
er kann mich am Ohr schlecken…
doch auch er, wie seine Recken
er kann mich am Ohr schlecken…

Üban Zaun

üban Zaun üban Zaun umme schaun
Muast di traun, muast di traun
Weu drüben stengan a poa Clown

A so a schwoaza Marokkana
A Chines a gonz a klana
Syrer, Kurden und so Leit
De wos's Haggln hoit nit gfreit
Ein jedes Kind ist ein Fakir
Blanke Fiaß bis zu de Knia
jo so stengan de im Schnee
Und des tuat dena nit weh

I kunnt des nit, söbst woun i woit
Mia wuad alloa vom Zuaschaun koit

Üban Zaun üban Zaun üban Zaun umme schaun
Muast di traun, muast di traun
Weu drüben stehngan a poa Clown

A robenschwoaze Leitner Mikl
Jo mit deara gibbs vü Wickl
A dunköroda Doskozil -

Hot a weng an rechten Stil
a Funktionär noch ois Narziss
is Burschenschofta mit an Schmiss

Do meinen Syrer und Afghan
ähm - gemma bessa wieda ham…

Weu
Üban Zaun üban Zaun üban Zaun umme schaun
Muast di traun, muast di traun
drüben stengan a poa Clown

Ledeni Covjek

Deinen Geburtstag im Juli feierst du am 20. April
du denkst das sei lustig, sonst denkst du nicht viel
Vor anderen Menschen fehlt dir der Respekt
deine Manieren sind oft recht gut versteckt
Du kennst mich schon lange, du weißt wer ich bin
weißt mit Faschismus hab ich nichts im Sinn
Frag ich wie's dir geht, sagst du ohne Verstand:
„Mir geht es gut, alles in deutscher Hand!"

Aber mein Vater war damals
im Widerstand.

Du sagst das „Tüchervolk", diese Muselmanen
den Turban am Kopf und verschleierte Damen
die passen einfach nicht zu unserer Kultur
du meinst es nicht böse, du sagst das ja nur…
Du kennst mich schon lange, du weißt wer ich bin
mit Xenophobie habe ich nichts im Sinn
Frag ich was du denkst, was braucht dieses Land?
erklärst du mir: eine starke Hand…

Aber mein Vater war damals
im Widerstand.

Nach deinem zehnten Bier war der Hitler schon
gut
aber niemand hat heute noch irgendwie Mut
alle sind feig, Motto: schweigen und ducken
nicht einer traut sich gegen die oben zu mucken
Du kennst mich schon lange, du weißt wie ich bin
meistens gutmütig freundlich, hab Frieden im Sinn
doch heute bin ich im Widerstand
morgen trägst du einen Kopfverband

für dich sicherlich von einer
deutschen Hand.

Heil für die Freiheit

Du schaust mir in die Augen während du langsam erzählst
wie die Zeiten damals waren, womit du dich oft quälst
Du wolltest das glauben, heute weißt du viel mehr
und die Millionen von Toten, die lasten schon schwer
aber es war ein Aufschwung mit Kraft durch Freude
endlich Arbeit und Autos und das neue Gebäude
die Fabrik und das Geld, endlich Pläne schmieden
mit Familie und Freunden und 1000 Jahr Frieden

Mein Vater und du ihr seid Freunde gewesen
er war eher ruhig, hat lieber gelesen
Du warst Oberscharführer in der Reiter-HJ
hofftest wie viele auf ein Ende der Not
Er war gegen das Kriegsspiel, hat dich kritisiert
und später vor der ganzen HJ brüskiert

Du lächelst und nickst, ja er war Kommunist
war standhaft und mutig, kein Opportunist
er hat damals in seiner Wut, das sollst du wissen

seinen HJ-Ausweis in Stücke zerrissen
später bei der Grundausbildung in der Kaserne
sagte er jedem er wär hier nicht gerne
er weigerte sich Teil der Wehrmacht zu sein
ja selbstverständlich sperrten sie ihn ein

Mein Vater und du, ihr seid Freunde geblieben,
dabei hat er euch Nazi wie die Pest gemieden
Er kam in Haft nach Berlin, du hast Karriere
gemacht
er der Wehrkraftzersetzer – und du nie in
Verdacht? –
später begnadigt wurde Vater zur
Frontbewährung geschickt
da ist dein Regiment schon bei Narvik verreckt

Ja es waren schlimme Zeiten, so sagst du
benommen
da bleibt dir nichts übrig, da hält man zusammen
Dein Vater und ich, wir wollten niemals den Krieg
und kämpften doch beide an der Front für den
Sieg
ich hob meine Hand für das großdeutsche Land

er dagegen im Widerstand
im Piemont wechselte er die Front, als Partisane
Todfeind für alle mit der Hakenkreuzfahne

Mein Vater hat darüber kaum ein Wort verloren
vielleicht bin ich einfach zu spät geboren
Aber – er der Kommunist, du SS-Offizier
beide überlebt, aus dem Krieg zurück hier
reicht ihr euch in alter Freundschaft die Hand
allein diese Geste übersteigt den Verstand…

Wir haben den Krieg auch ERlebt, was soll man da
sagen
all die Bilder, die Toten, es war kaum zu ertragen
nach dem Krieg diese ganze Zerstörung zu sehen
das Leben musste doch weiter gehen
Da waren Klüfte, waren verhärtete Fronten
viele, die kein Miteinander mehr kannten
aber dein Vater und ich wir waren uns einig
nie wieder Streit, sei der Weg noch so steinig.

Mein Vater und du ihr habt Bergtouren gemacht
ihr habt Karten gespielt, gesungen, gelacht

Den Krieg habt ihr irgendwie ausgeblendet
keine Minute an Gedenken verschwendet
Tut es nicht weh, bei all dem was euch eint,
dass heute wieder sowas möglich erscheint?

Ich bin jetzt 95, langsam fühl ich mich alt
und der nahe Tod macht mein Denken kalt
Wenn die Menschen wieder lieber unfrei leben
Politiker wie die Faschisten reden
ist es nach allem, was wir erlebten skurril
aber ich bin zu alt für dieses Spiel
und die Jungen sind dumm wie ich vor dem Krieg
sie pöbeln und töten und träumen vom Sieg…

Mein Vater und du ihr wart Freunde bis zum Ende
jetzt steh ich mit dir am Friedhofsgelände
Ich hab irgendwie Angst und fühl mich so leer
euer schweigsames Erbe, es wiegt viel zu schwer
Wo sind meine Freunde, wo ist ihre Hand
Totenstille übersteigt den Verstand.

Freies Spiel der Kräfte

Und bist du klüger jetzt?
Bursche, hast dich verschätzt,
dachtest, wir schlagen nicht zu?
Ja was glaubst denn du?
Und wer bist denn du?
Fort jagen wir dich
Träumer
im Nu...

Es ist ein leichtes Spiel
Du zierst dich viel zu viel,
deine Skrupel helfen dir nicht
Wer ist jetzt der Wicht,
jener, der zerbricht?
Du Träumer
bist geistig nur
schlicht

Und jetzt siehst du schon
du träumst nur davon
wir aber haben Gewinn
weil wir oben sind
und jetzt schau halt hin

das ist alles
Macht
(ohne Sinn).

Am Schafott

Du stehst oben am Stadtplatz und schaust in die
Menge
siehst Frauen und Kinder in regem Gedränge
Dein Stolz ist zerbrochen in den Tagen vor Gericht
am Anfang noch aufrecht, gestandest du nicht
doch bedroht und gefoltert schien dann alles egal
da war nur mehr Hoffnung auf ein Ende der Qual
und jetzt stehst du da oben, bespuckt und
geschmäht
letzte lange Minuten, bis dein Leben vergeht

Gehorsam im Krieg auch Zivilisten zu morden
verdientest du dir den Tapferkeits-Orden
töten und siegen dem Vaterlande zur Ehr
hier heute am Stadtplatz zählt das alles nicht mehr
Hoch zu Ross kamst du zurück von der Front
viele Menschen am Weg haben den Helden
erkannt
Männer, Frauen und Kinder… sie standen Spalier
an einem ähnlichen Tag, wie dem heutigen hier.

Am Abend eine Feier mit Unmengen Wein
mit Musik und mit Weibern, der Kaiser lud ein

doch plötzlich zog so ein Junker den Degen
du hast bloß reagiert und pariertest verwegen
schon lag dieser Herzog-Sohn tot am Boden
du warst schneller, doch jetzt: stehst du da oben
verhöhnt von den Leuten, den Kindern und
Frauen
die drängeln und schreien und neugierig schauen

Anwesende Zeugen konnten leider nichts sehen
und Recht muss Recht bleiben man wird es
verstehen
dem Kaiser geht's um des Herzogs Sohn
die Anklage „Mord", man ahnte es schon
Verhöre und Fragen, und dumme Gesichter
vorhersehbar auch das Urteil der Richter
und ein Volksfest nun für Kinder und Frauen
die dem Spruch dieser Richter blind vertrauen

Du stehst oben am Stadtplatz die letzten Sekunden
dein Henker hat sich jetzt eingefunden…
Was hat diesen Herzog-Sohn besser gemacht?
Besser als all die Toten der Schlacht?

Der Mann war nicht mutig und zu langsam für
dich
starb scheinbar am Schock und nicht an dem Stich
Du stehst und du siehst wie dein Henker sich
rüstet,
wie Frauen und Kindern nach Vollstreckung
gelüstet

Ein Raunen am Stadtplatz: „gleich wird's
passieren!
Der Verurteilte wird seinen Kopf jetzt verlieren…"
Du blickst hoch zum Himmel, dann schließt du die
Augen
bald wird der rollende Kopf nur noch zum
Gaudium taugen
Kommt der Tod durch das Beil, oder durch den
Befehl?
Der Henker hebt an, dann geschieht es sehr schnell
So stirb für deine Schuld an diesem Tapferkeits-
Orden
und nicht für die Tat, wegen der sie dich
ermorden.

Österreich – in welcher Verfassung?

Seit einhundert Jahren haben wir Demokratie
doch „laizistisch" wurde das schöne Land nie
Habsburger als „klerikale Triaden"
waren berufen zum Kaiser von Gottes Gnaden
und der jungfräulichen Mutter – seehhr ominös
mir geht das am Arsch, ich bin nicht religiös!

Mit Freiheit war dann im Ständestaat Schluss
ein Judas - in dem Fall - Kanzler Dollfuß
sorgte für Prälaten als Poltik-Attrappen
und den Heiligenschein für den Adler am Wappen
Dieser Austrofaschist, seid mir nicht bös
geht mir auf den Arsch, ich bin nicht religiös!

Nun kommt Kurz, der Lieblingsschwiegersohn
das Politik-Genie, der Schüssel-Klon
der Sektenführer als Retter der Nation
wieder stiehlt sich die Freiheit ganz leise davon
er inszeniert sich famos, staatstragend pompös
mir geht das am Arsch, ich bin nicht religiös!

„Moderne" Linke aber schwadronieren
alle Religionen müsste man tolerieren…

Sie übersehen: Religionen sind per se
natürlicher Feind der Demokratie.

Glaube bleibe privat unbenommen
doch Religion und Staat
– das passt nicht zusammen.

TVaust

Was spielen die heute im Fernsehen
in den Nachrichten wieder mal Krieg?
Liegt irgendein Star in den Wehen,
oder völlig entblättert am Steg?

Ein Talk mit einem Junkie am Bahnhof.
Eine Taube gurrt lautstark daher.
Aber einer daneben grinst zahnlos:
Seit Jahrzehnten schon höre er schwer

Diskutanten gelangweilt am Sofa
zappen genervt hin und her…
Hohe Wellen zerbersten am Ufer,
Schmugglerboote weit draußen am Meer.

Was spielen die heute im Fernsehen
in den Nachrichten wieder mal Krieg?
Liegt irgendein Star in den Wehen,
oder völlig entblättert am Steg?

Danach ist ein Film mit Bruce Willies,
die Augen tun vor Müdigkeit weh.

Keine Ahnung was diesmal sein Ziel ist,
Bruce Willies liegt blutend im Schnee.

Ein Schiff zerschellt an dem Felsen,
wo die Möwen verkleben im Teer.
Im Fernsehzimmer sind Gelsen.
Verdammt - wo ist mein Gewehr?

Was spielen die heute im Fernsehen
in den Nachrichten wieder mal Krieg?
Liegt irgendein Star in den Wehen,
oder völlig entblättert am Steg?

6

Irgendwann weicht die Ebbe der Flut
und tropft aus dem Bildschirm herein.
Kurz später mischt seltsame Wut
uns're Tränen mit blutrotem Wein.

Ein Schulmädchen mit offener Bluse
rudert im nächsten Kanal,
schon nach Sekunden verliert sie die Hose
das Programm wird nun genital.

Was spielen die heute im Fernsehen
in den Nachrichten wieder mal Krieg?
Liegt irgendein Star in den Wehen,
oder völlig entblättert am Steg?

Monstranz

Wer die Wahrheit nicht verträgt,
der schlägt
um sich,
ständig und auch präventiv,
selbst unerlaubt und tief.
Erklärt dich schnell zum Feind,
weil nur ein Feind die Dummen eint.

Wer nicht für die ist,
ist
gegen sie.
Weil von wegen: neutral,
erklärter Gegner, illegal.
Und schon wirst du vogelfrei,
bist nicht mehr annähernd dabei.

Dumm ist,
wer
Dummes tut.
Wer lügt um zu gewinnen
ohne zu be"sinn"en.
Alles dient der Demonstranz
Kritik hat dabei keine Chance…

Pitbull Mobbs und Echo Bambi

die sind uns vorgesetzt
lieber wäre mir ein Zombie
als diese beiden
jetzt.

Denn Pitbull Mobbs und Echo Bambi,
die wollen nur „gut dasteh'n"…
Sie würden über Leichen gehen,
die Leichen gar nicht liegen sehen -
man kann es nicht versteh'n.

Und Echo Bambi hört sich gern reden.
Stundenlang
be-spricht er jeden,
vor Pitbull Mobbs sei man gewarnt
weil sie sich oft
als Rehlein tarnt

Echo Bambi und Pitbull Mobbs,
erheben Lügen zum System.
beide lügen,
dass sich die Balken biegen -
das ist nicht angenehm.

Und Pitbull Mobbs braucht Informanten.
So zügelt sie sich
Denunzianten.
Und wie damals in der DDR
findet sich auch ganz schnell wer:
Ein Blockwart hier, sehr ominös -
ein Spitzel dort, so ungustiös.

Pitbull Mobbs und Echo Bambi
man darf es nicht so sagen:
„ja, die sind jetzt wer
doch ihr Kopf ist leer" -
sonst geht's dir an den Kragen!

Darum lügt und heuchelt!
Sagt, was beiden schmeichelt!
Doch seid nicht ehrlich,
das wär gefährlich:
da wird man schnell
entbehrlich...

Chef

Ich bin der Chef, ich bin euch vorgesetzt
und von eurer Kompetenz, da fühl ich mich
verletzt
ich würde gerne besser wissen, so gern klug
parlieren
weil ich ein Gewinner bin, ich kann nicht gut
verlieren

Neulich da ging's um Inhalte, um was es halt so
geht
Da habe ich die Tatsachen ein wenig nur verdreht
Ich stand dann sehr gut da und redete und sprach
Doch einer der hat mitgedacht und fragte plötzlich
nach
Das ist doch eine Zumutung, das ist echt unerhört
Viele andere Zuhörer, die fühlten sich gestört
Der wollte mich brüskieren, eine Schweinerei
Was er sagte stimmte zwar, doch das ist einerlei.

Denn: ich bin der Chef, ich bin euch vorgesetzt
und von eurer Kompetenz, da fühl ich mich
verletzt
ich kann eine Rede halten und es gut kaschieren

verwechsle aber generell die Äpfel und die Birn

Doch ich leite diesen Laden, ihr seid nur angestellt
meine Worte sind Befehl, auch wenn's euch nicht
gefällt
Eure Ansichten und Meinungen, die sind nicht
interessant
und wenn das wer bezweifelt, wird sein
Arbeitsplatz vakant
Ihr seid nicht zum Denken da, macht einfach was
ich sag
wer mich dann noch kritisiert, hat seinen letzten
Tag
Geduld ist keine Stärke, Geduld macht nur
Probleme
und wenn zu viele mitreden, bekomme ich
Migräne

Ich bin der Chef, ich bin euch vorgesetzt
und von eurer Kompetenz, da fühl ich mich
verletzt
Mein Anzug war sehr teuer - aus Seide und nicht
Zwirn
denn ich muss repräsentieren, es geht nicht um
mein Hirn

AMSand

Wo Berater lächeln und strahlen,
wenn sie Sanktionen verhängen,
und sie ihre Kunden bedrängen,
mit Zahlen zu Qualen und Zwängen,
da wird der Fetzenball
zum Narzissenfest,
ein willkürlicher Saustall:
AMS at its best!

Was kümmern sie Leute
und deren Geschichten?
Was kümmern sie heute
deren Rechte und Pflichten?
Was kümmern sie Menschen,
wenn sie nur eins wünschen:
auf uns herunter zu sehen
während sie gut dastehen.

Wo man ohne Empathie
zur Führungskraft wird,
wird Bosheit forciert,
weil Willkür regiert.
Da wird der Fetzenball

zum Narzissenfest,
ein bedrohlicher Saustall:
AMS at its best!

Was kümmern sie Richtlinien,
wenn sie diese nicht kennen?
Was sind schon Vorgaben,
wenn sie anderes vorhaben?
Was zählt schon Menschlichkeit?
Es muss um Kennzahlen gehen.
Niemand kümmert die Wahrheit,
wenn die sie verdrehen…

Wo Dumpfbacken reden
und dabei verblöden
und machtgeile Schergen
dir das Leben verderben,
da wird der Fetzenball
zum Narzissenfest,
ein unwürdiger Saustall:
AMS at its best!

Mig Knatterdumm, der Meisterdetekdoof
(für meinen „Berater")

Ich sag euch was – ein Klassiker:
der arbeitet niemals
Er sagt er wäre nicht gesund
vom Rücken bis zum Hals
Der tachiniert doch nur, das ist ganz klar,
ein bissl was geht immer
Erst im Sarg da ist dann Schluss
da geht es wirklich nimmer…
Ich weiß das, weil ich bin so schlau,
bin Meisterdetekdoof
Ich bin ein Arsch, das weiß man ja,
das ist mein guter Ruf…

Aja echt Sie haben Krebs,
doch sonst sind Sie gesund?
Der Schwindel und die Übelkeit
sind ganz ohne Befund?
Dann sind sie arbeitsfähig,
trotz Chemotherapie
Und tun Sie nicht, wie ich das will,
dann gibt's keine Marie

Ich kann das weil ich bin gemein,
bin Meisterdetekdoof
Dobermann sagt man zu mir,
das ist mein guter Ruf.

Na - und jetzt ich bin perplex,
das kann wirklich nicht so sein
Sie haben kranke Kinder
und müssen auf die Eltern schau'n?
Der Arbeitsmarkt hat keinen Platz
für faule Diskutanten
Für arbeitsscheue Hypochonder
und vielleicht noch für Migranten
Weil ich hab auch einen Namen
nicht nur meinen guten Ruf
Man nennt mich: Mig Knatterdumm,
den Meisterdetekdoof.

Der arbeitslose Musiker

Ich könnte das tun, womit ihr keine Freude habt
weil ihr lieber wichtig durch die Gegend trabt
und euch sonnt in eurer Eitelkeit
Ich red' von:
Arbeit

Eure Hände wascht ihr in Unschuld
wenn ihr Menschen mangels Geduld
nicht zuhören wollt und lieber ignoriert
egal, was wer durch euch verliert
Und ihr beruft euch auf irgendein Gesetz
doch das ist alles nur leeres Geschwätz
in jedem Paul seht ihr immer noch Saul
ihr seid überheblich, seid dumm und faul

Ich könnte das tun, womit ihr keine Freude habt
weil ihr lieber wichtig durch die Gegend trabt
und euch sonnt in eurer Eitelkeit
Ich red von:
Arbeit

Euer Lächeln scheint irgendwie implantiert

ihr lächelt auch wenn ihr and're sekkiert
aber wenn's um was geht, stehlt ihr euch davon
im Zweifel, da kennt dieses Amt kein Pardon
schreibt Richtlinien für eure Handlanger
stellt Menschen an den Schandpranger
ihr denkt nicht nach, euer Hirn scheint varaltet
ihr fragt nicht nach, doch ihr schaltet und waltet

Ich könnte das tun, womit ihr keine Freude habt
weil ihr lieber wichtig durch die Gegend trabt
und euch sonnt in eurer Eitelkeit
Ich red von:
Arbeit

Eure Weltsicht erscheint mir schwarz und weiß
euer Denken bewegt sich im sehr kleinen Kreis
ihr schickt Menschen

– eigentlich der blanke Hohn –

zur Schwerarbeit um einen Hungerlohn
wer das nicht will und sich dagegen wehrt

wird gleich von euch zum Feind erklärt
so jemand ist nicht arbeitswillig
ihr nennt das „Recht", es ist nur billig.

Ich könnte das tun, womit ihr keine Freude habt
weil ihr lieber wichtig durch die Gegend trabt
und euch sonnt in eurer Eitelkeit
Ich red von:
Arbeit

Berufswahl

Strebst du eine Karriere als Verbrecher an
dann gibt es viele Wege, wie man das machen
kann:
werde doch Politiker, als Chef einer Partei
oder geh zur Mafia, das ist fast einerlei
Eines ist privat, beim anderen darf man mehr
doch so oder so: ein Talent legt sich nicht quer.

Willst du dich bereichern, so richtig viel Marie
Dann geh nicht in die Arbeit – meide sie
Lass andere das tun, die anderen für dich werken
trink stattdessen Cocktail mit den richtig großen
Schurken
Unten in Palermo oder vor dem Parlament
man wird dort gern gesehen, damit man sich auch
kennt

Strebst du eine Karriere als Verbrecher an
dann gibt es viele Wege, wie man das machen
kann:
werde doch Politiker, als Chef einer Partei
oder geh zur Mafia, das ist fast einerlei

Eines ist privat, beim anderen darf man mehr
doch so oder so: ein Talent legt sich nicht quer.

Willst du dich bereichern, so richtig schwerreich
sein
Dann schau dir nicht um Arbeit, brich lieber
irgendwo ein
Vielleicht in einer Bank, doch die haben ja nichts
Bares
auch bei der Versicherung ist Geld schon etwas
Rares
Und geh nicht zum Finanzamt, die rauben dich
höchstens aus
selbst bei den Geldverleihern wirft man dich nur
lächelnd raus

Strebst du eine Karriere als Verbrecher an
dann gibt es viele Wege, wie man das machen
kann:
werde doch Politiker, als Chef einer Partei
oder geh zur Mafia, das ist fast einerlei
Eines ist privat, beim anderen darf man mehr

doch so oder so: ein Talent legt sich nicht quer.

Denkst du aber größer, an unumschränkte Macht
dann kannst du jemand werden, der über alle lacht
Willst du all das tun, was uns Gott verboten hat
vom Raub hin zum Massenmord jede böse Tat
dann brauchst du keine Skrupel, nur eine
Organisation
gründe dann am besten irgendeine Religion

Strebst du eine Karriere als Verbrecher an
dann gibt es viele Wege, wie man das machen
kann:
werde doch Politiker, als Chef einer Partei
oder geh zur Mafia, das ist fast einerlei
gründe eine Religion, dann darfst du noch viel
mehr
doch so oder so: ein Talent legt sich nicht quer.

I woa des nit

I woa des nit
Na i bin nit Schuid
Schuid is dea
wos hingmocht hot
Weu i wos ondas woit

I hob doch nua de Bomben baut
Da Jet-Pilot hots obighaut
De Ponza hob i konstruiert
Oba damit neamdn zsommangfiat
Und stimmt schon: wir vakaufen Minen
Doch warnen wir vor dem Bedienen:
Liabe Leit – passts auf damit,
sunst föht da Fuaß beim näxtn Schritt

Mia tan jo nix
Mia tan jo nix
Na mia san nit Schuid
Schuid is dea
wos hingmocht hot
weu dea nit draufsteign soit

Wir homm doch nua noch Öl gebohrt

Damit des gonze Weakl foaht
Und wir homm donn gonz raffiniert
A poa Leit duat inhaftiert
De oabeiten jetzt wia da Wü
Und kostn uns net vü
Oiso a wenn dort ois explodiert
San mia nit ruiniert

Donn woa hoit nix
Donn woa hoit nix
Nix voraus zu sehgn
Und nua wegn
de poa Leit…
- vü is es jo nit gwen

I hob doch nua zur Mauer brunnzt
Damit's nit in d Hosn geht
I hob des doch echt nit gwusst
Dass grod duat de Hofburg steht
Und erleichtert schau i mir donn on
an Lockn voi Urin
und a Polizist mit an schoafn Ton
frogt, ob i des gwesen bin

öhm, I woa des nit
I woa des nit
Na i bin nit Schuid
Schuid is dea
wos hingmocht hot
Weu i wo ondas woit

Lalinea voixdümmlich

I hob Schwein
Schwein
Schwein

Schwein
ist daheim
Heim
Heim

I hob a Kuh
Kuh
Kuh

ist komplett zu - uh uh

Und i hob Dich
Dich

Dich
für mich am Strich
Strich
Strich

verläuft unstet
steht
steht
ge-zeichne-t
nett
nett
im Strichmannbett

bet'
bet'
bet'

total fett

(2x da capo)

Doppelnamen (kleinstes gemeinsames Vielfaches)

Sagen Sie, da wegen ihrem langen Doppelnamen,
sind Sie denn von hohem Adel?
Oder fallen Sie nur gern aus dem Rahmen
als sozialer Gutmensch ohne Tadel?

Die Unterscheidung fällt ja oft nicht leicht
Denn, wie mir deucht,
gibt's verkommene Subjekte
die starten Sozialprojekte…
für rabiate Frauen,
die ihre Männer hauen
oder für Transgender mit Kind
und das, obwohl Sie Adelige sind.

Umgekehrt wiederum gibt es
so manche Hochstapelei
Das gemeine Volk liebt es
und ist gleich dabei:
Plötzlich gibt's Grafen
nicht nur im Karneval
und im ehelichen Hafen
wird der Doppler zur Qual

Jede Unterschrift braucht
gute fünf Zeilen
Das Kopferl raucht
beim Schreiben zuweilen
denn so lange Namen
kann sich keiner merken
nicht die Herren, nicht die Damen
ein mühsames Werken

Und arm deren Tochter
mit 4 Namen dann
schreibt bei der Hochzeit
einen halben Roman
Die nächste Generation
braucht eventuell schon
einen Souffleur
sonst wird es zu schwör.

Sagen Sie, da wegen ihrem langen Doppelnamen,
sind Sie denn von hohem Adel?
Oder fallen Sie nur gern aus dem Rahmen
als sozialer Gutmensch ohne Tadel?

we are the 99 (Leihgabe)

1.
Finanzhai, Banker, Bankrotteure
Verzeihung bitte, wenn ich störe
Nur euer Banken-Rettungsschirm
will so gar nicht in mein Hirn:
Mit Steuergeld wird repariert
wird Zeit, dass endlich wer marschiert

fällig wird
der Kredit:
occupy wall street

8

Ihr „1 Prozent" – betet und rennt
die Börse brennt
Gerechtigkeit jetzt!
Jetzt wird besetzt
Zu Ende und am Anfang
das gleiche Lied:
Occupy wall street! Occupy wall street!

(the only solution is world revolution)

2.

Eu, G8 und Banken-deal
Verzeihung, wenn ich mitreden will
Doch eure Bürger-Politik
wird zum Taschendiebe-Trick
Ihr bereichert euch ganz ungeniert
wird Zeit, dass endlich wer marschiert.

und „ninetynine"
marschieren mit:
occupy wall street!

Ihr „ein Prozent" – betet und rennt
die Börse brennt
Gerechtigkeit jetzt!
Jetzt wird besetzt
Zu Ende und am Anfang
das gleiche Lied:
Occupy wall street! Occupy wall street!

(the only solution is world revolution)

3.

Staatsdienst, Steuer, Sparpaket
Verzeihung, wenn das so nicht geht:
Ich trag brav bei aus Bürgerpflicht
Die Reichen zahlen die Abgaben nicht
Ihr nehmt's in Kauf, Geschäft floriert
wird Zeit, dass endlich wer marschiert.

„working poor"
kommt alle mit:
occupy wall street!

Ihr „ein Prozent" – betet und rennt
die Börse brennt
Gerechtigkeit jetzt!
Jetzt wird besetzt
Zu Ende und am Anfang
das gleiche Lied:
Occupy wall street! Occupy wall street!

(the only solution is world revolution)

Wir leben

Wir leben doch in schönen Zeiten
Wir leben im Überfluss
Warum gibt's in diesen Breiten
so viel Angst und Überdruss?

Statt Freundschaft spielt es Strategie
Statt streiten führen wir Krieg
Statt Liebe bleibt es Onanie
Und Freude nennt man: Sieg.

Leben wir in schönen Zeiten
in diesem Überfluss?

Straßenrennen

Rap ist dein Ding, so zu reden ist in
mit deinem Cap ja bist du der King
die neue Rule – alles cool
dein 3erBMW das ist dein tool
ein muscle car aufgemotzt
das vor Kraft strotzt und protzt
fährt Car-Freitags wie die Sau
die Strecke bei der Tuning-Show

Cannonball, Route 66
Mit viel PS und wenig Grips
Drag Race Köln, Drift in Berlin,
stinkt nach Gummi und Benzin

steht ihr dumm rum
fahren wir euch um
fahren wir euch tot
Ampel rot
scheiß egal
doch immer alles illegal
Jeder Spaß wird dir verboten
von Cops
den Idioten

Los geht's Bro, gebremst wird nie
beschleunigt noch mit Extacy
Superwoof und geiler Sound
quasi bound on higher ground
Additive im Benzin
und im Hirn die Droge drin
wenn einer tot am Gehsteig liegt
ist's ein Kavaliersdelikt.

Cannonball, Route 66
mit viel PS und wenig Grips
Drag Race Wels und Drift in Wien,
stinkt nach Gummi und Benzin

steht ihr dumm rum,
fahren wir euch um
fahren wir euch tot
Ampel rot
scheiß egal
doch immer alles illegal
Jeder Spaß wird dir verboten
von Cops
den Idioten

Werde zum Race-Car, das ist der Trick
no risk no fun, das gibt den kick
so starten wir die geilen Teile
ab geht's auf die Viertelmeile
im Ortsgebiet mit 110
den Mopedfahrer überseh'n
auch mit dem Kind am Sozius
war in der Sekunde Schluss

Cannonball, Route 66
mit viel PS und wenig Grips
Drag Race Scheiße, weiße Kittel
Blaulicht, Blut und Bindemittel

steht ihr dumm rum
fahren wir euch um
fahren wir euch tot
Ampel rot
scheiß egal
doch immer alles illegal
Jeder Spaß wird dir verboten
von Cops
den Idioten

Berg heil

Die Berge so schön, alles friedlich und leise
Nur ein Adler hoch oben zieht seine Kreise
Du kletterst am Grat mit sicherer Hand
Doch plötzlich ein Schrei, du stürzt in die Wand
Du stürzt und du fällst bis unten ins Kar
Wo gerade noch alles so zauberhaft war

Seh dich noch am Felsen den Halt verlieren
Dann ist mir als könnt ich den Aufprall verspüren
Fassungslos stehe ich zitternd am Stein
In panischer Angst, das darf nicht wahr sein
Warum hielt mein Griff und ich stehe noch hier?
Und warum spring ich dir nicht hinterher??

Diese tödliche Leere, eine leblose Stille
Sinnlose Hoffnung, verzweifelter Wille
Der Notruf, dann klettern, alles hochkonzentriert
Erste Hilfe wie in den Kursen trainiert
Doch du bleibst reglos und leblos im Kar
Da wo grad alles noch zauberhaft war

Warum blühen hier Blumen, warum ist alles so
schön
Warum bist du gestürzt, warum musstest du
gehen?
Warum pfeift jetzt da drüben ein Murmeltier
Warum knie ich allein und hilflos bei dir?
Warum tut diese Welt als wär gar nichts passiert
Sie hat doch hier unten den Aufprall gespürt??

Der Hubschrauber schaukelt und kämpft gegen
den Wind
Wissen die Retter, dass zu spät sie längst sind?
Die Helfer eilen im Laufschritt herbei
Der Notarzt und drei Mann Alpinpolizei
Und du liegst da friedlich, doch leblos im Kar
Da wo grad alles noch zauberhaft war

Warum blühen hier Blumen, warum ist alles so
schön?
Warum bist du gestürzt, warum musstest du
gehen?

Warum fliegt oben der Adler, es wird ihm nicht
schwer
Warum summen Insekten so fröhlich umher?
Warum tut diese Welt als wär gar nichts passiert
Sie hat doch hier unten deinen Aufprall gespürt??

Die Sonne scheint warm auf den Grat überm Kar
dahin wo grad alles noch zauberhaft war
Der Hubschrauber startet und hebt langsam ab
Statt dem Gipfelkreuz wartet auf dich nun ein
Grab
Die Zacken der Felsen werfen Schatten ins Tal
Der Tod wird vor allem für die anderen zur Qual.

Franz Freimann

Geboren 20.04.1989 in Braunau am Inn

2008 Kunststudent der Uni Wien

Seit 2012 freischaffender Musiker und Textdichter
in München

Ab 2023 eventuell politische Karriere.